Italia

Julie Murray

Abdo Kids Jumbo es una subdivisión de Abdo Kids
abdobooks.com

abdobooks.com

Published by Abdo Kids, a division of ABDO, P.O. Box 398166, Minneapolis, Minnesota 55439.
Copyright © 2024 by Abdo Consulting Group, Inc. International copyrights reserved in all countries.
No part of this book may be reproduced in any form without written permission from the publisher.
Abdo Kids Jumbo™ is a trademark and logo of Abdo Kids.

102023
012024

THIS BOOK CONTAINS
RECYCLED MATERIALS

Spanish Translator: Maria Puchol

Photo Credits: Getty Images, Shutterstock

Production Contributors: Teddy Borth, Jennie Forsberg, Grace Hansen
Design Contributors: Candice Keimig, Pakou Moua

Library of Congress Control Number: 2023939980
Publisher's Cataloging-in-Publication Data
Names: Murray, Julie, author.
Title: Italia/ by Julie Murray
Other title: Italy. Spanish
Description: Minneapolis, Minnesota: Abdo Kids, 2024. | Series: Países | Includes online resources and
index
Identifiers: ISBN 9781098269913 (lib.bdg.) | ISBN 9798384900474 (ebook)
Subjects: LCSH: Italy--Juvenile literature. | Italy--History--Juvenile literature. | Europe--Juvenile
literature. | Geography--Juvenile literature. | Spanish Language Materials--Juvenile literature.
Classification: DDC 945--dc23

Contenido

Italia

Italia está en Europa. En ella viven más de 60 millones de personas. Roma es la capital y la ciudad más grande. Tiene mucha historia y está repleta de edificios famosos.

Geografía

Cuatro países limitan con Italia por el norte. El resto del país está rodeado por el mar Mediterráneo. Es una **península** con forma de bota.

Europa
Francia
Suiza
Austria
Eslovenia
Italia
Roma
mar Mediterráneo
África

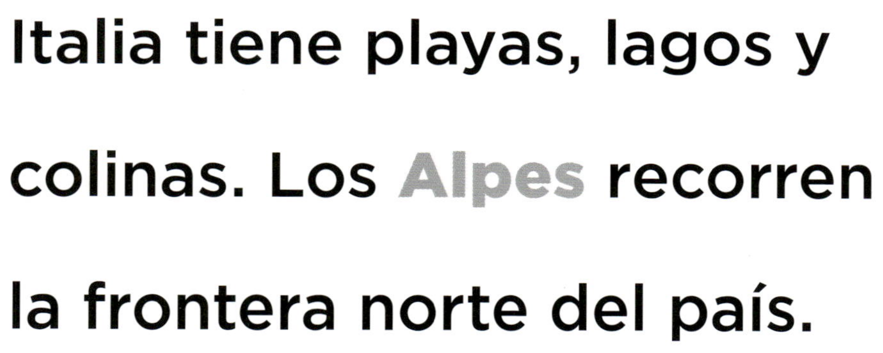

Italia tiene playas, lagos y colinas. Los **Alpes** recorren la frontera norte del país.

A Italia pertencecen alrededor de 450 islas. El Etna está en la isla de Sicilia. Es uno de los volcanes más activos del mundo.

11

Comida

Italia es conocida por su deliciosa pasta fresca y su pizza. El *gelato* es un postre helado muy popular.

Atracciones turísticas

El Coliseo está en Roma. Fue construido en el año 80 de la era común (80 e.c.). Es un **anfiteatro** con capacidad para 50,000 personas. Aquí se celebraban las luchas de **gladiadores**.

La Basílica de San Pedro es

la iglesia del **Vaticano**. Es la

iglesia más grande del mundo.

OREM PRINCIPIS APOST PAVLVS V BVRGHESIVS ROMANVS PONT MAX AN MDCXII PONT VII
ALEXAN VII P M
L'ingresso in Basilica terminerà
alle ore 12.30

The entrance to the Basilica
will end at 12.30 pm

17

Gente famosa

Dos de los artistas más famosos de la historia son italianos. Miguelángel, pintor y escultor, es conocido por pintar la Capilla Sixtina.

Miguelángel
19

Los cuadros de Leonardo da Vinci son espectaculares. *La Gioconda* y *La última cena* son sus obras más famosas.

La Gioconda
Leonardo da Vinci
La última cena

Lugares emblemáticos

Gran Canal
Venecia, Italia

Ruinas de Pompeya
Campaña, Italia

Foro romano
Roma, Italia

Fontana de Trevi
Roma, Italia

Glosario

Alpes – cadena montañosa que se extiende desde el sur de Francia hasta Albania, pasando por Suiza, Italia, Alemania y Austria.

anfiteatro – edificio ovalado o redondo con asientos que se elevan en filas desde una zona central abierta.

gladiador – hombre de la Antigua Roma que para entretener al público luchaba contra otros hombres, a menudo hasta la muerte.

península – porción de tierra rodeada de agua por casi todos sus lados excepto uno, por el que está conectada a una masa de tierra mayor.

el Vaticano – ciudad-estado independiente en Roma, Italia. Tiene alrededor de 825 habitantes. Está gobernada por el Papa, obispo de Roma y cabeza de la Iglesia Católica.

Índice

¡Visita nuestra página **abdokids.com** para tener acceso a juegos, manualidades, videos y mucho más!

Los recursos de internet están en inglés.